Fahren lernen 1

Erste Schritte im Umgang mit Pferd und Wagen

von
Sallie Walrond

Illustrationen von
Carole Vincer

CADMOS

Titel der Originalausgabe:
Sallie Walrond, Starting to Drive
Threshold Picture Guides Nr. 28

Aus dem Englischen von
Dorothea Heaton

Cadmos Verlag, Lüneburg
Für die deutschsprachige Ausgabe

Umschlagentwurf: Ravenstein Brain Pool

Printed in Germany

ISBN 3-86127-220-2

Inhalt

Fahren lernen 1

Erste Schritte im Umgang mit Pferd und Wagen

Einführung

Römischer
Kampfwagen

Primitives Transportgerät
der Tieflandindianer

Carpentum

Schon seit mehreren Jahrtausenden wird das Pferd vom Menschen als Zugtier genutzt. Anfangs gebrauchte man ein relativ primitives Geschirr, mit dem zwei Pfähle, deren hintere Enden am Boden schleiften, am Pferd befestigt wurden. Die Last wurde zwischen den Pfählen festgebunden und ließ sich auf diese Weise vermutlich gut über Gras- oder Eisflächen ziehen. Auch für schlammigen Untergrund war ein solches Gefährt wesentlich geeigneter als ein Wagen mit Rädern.

Die ersten Kutschen sahen aus wie Kisten auf Rädern. Es gab keine Federung, und die Straßen waren ausgesprochen schlecht, so daß das Reisen in solchen Gefährten außerordentlich unbequem gewesen sein muß.

In England traten Kutschen erstmals Mitte des sechzehnten Jahrhunderts in Erscheinung.

Im siebzehnten Jahrhundert benutzte man zum Transport von Menschen und Gütern vierrädrige Fuhrwagen. Sie waren mit walzenähnlichen Rädern ausgestattet, um so die schlammigen Fahrfurchen besser überwinden zu können. Diese schweren Fuhrwerke wurden von sechs, acht oder gar zehn Pferden gezogen und oftmals von einem Fuhrmann gelenkt, der entweder zu Fuß nebenherging oder auf einem der Pferde saß.

Anfang des achtzehnten Jahrhunderts hatte das Reisen mit der Kutsche erhebliche Fortschritte gemacht, dennoch war der Reisende vielen beträchtlichen Gefahren ausgesetzt. So war es damals keine Seltenheit, daß die Kutsche von Straßenräubern oder anderen Banditen überfallen wurde, oder daß sie sich in einer tiefen Furche überschlug. Bevor man sich auf eine Reise begab, wurden Gebete gesprochen und oftmals eigens auch ein Testament gemacht. Einige der frühen Kutschen hatten hinten einen mit Stroh gefüllten Passagierraum, um die Reisenden warm zu halten. Mit der Erfindung der Federung gegen Ende des achzehnten Jahrhunderts wurde das Reisen mit der Kutsche bequemer.

Postkutsche

Omnibus

Tafelwagen (zur Beförderung von Wollballen)

American Surrey

Zweirädriger Einachser mit Klappdach

Das Fahren mit der Kutsche erreichte in England seine Blütezeit zwischen 1815 und 1840; insbesondere in wohlhabenden Kreisen erfreute es sich großer Beliebtheit. Jeder, der etwas auf sich hielt, unterhielt eine eigene Kutsche und ein eigenes Gespann. Viele der mit der Kunst des Kutschierens verbundenen Traditionen gehen auf diese Epoche zurück.

Omnibusse wurden im neunzehnten Jahrhundert regelmäßig in den Städten für die Beförderung von Passagieren eingesetzt.

In Australien und Neuseeland verwendete man Fuhrwerke zum Transport von riesigen Wollladungen, die manchmal von bis zu vierzehn Pferden gezogen wurden.

Die Zahl der Pferde, die allein in London in der Stadt und der näheren Umgebung Ende des neunzehnten Jahrhunderts als Kutschpferde ihren Dienst versahen, wird auf 300.000 geschätzt.

Mit dem Aufkommen der Eisenbahn und des Automobils ging die Zahl der pferdegezogenen Transportmittel zurück. Kutschen wurden ausgemustert, um in den Kutschhäusern und Remisen Platz für die neuen Automobile zu schaffen. Passionierte Fahrer fuhren zwischen dem Ersten und dem Zweiten Weltkrieg immer noch zum eigenen Vergnügen mit der Kutsche. Im Zweiten Weltkrieg führte die Benzinknappheit dazu, daß man für bestimmte Strecken wieder auf die Kutsche zurückgriff, beispielsweise um die Kinder zur Schule zu bringen.

Anfang der fünfziger Jahre gab es nur noch wenige Menschen, die die Kunst des Fahrens praktizierten. Es ist ein Glücksfall für die heutige Generation, daß sich überall auf der Welt erfahrene, passionierte Fahrer zu Vereinigungen zur Ausübung des Fahrsports zusammengeschlossen haben. Der Anstieg der Mitgliederzahl hat alle Erwartungen übertroffen; somit ist sichergestellt, daß die Traditionen des korrekten und sicheren Anspannens und Fahrens auch für zukünftige Generationen erhalten bleiben.

private Kutsche

Governess Cart (Tonneau)

Leichter zweirädriger Wagen (für 4 Personen)

DIE TRADITION DES AUFSCHIRRENS

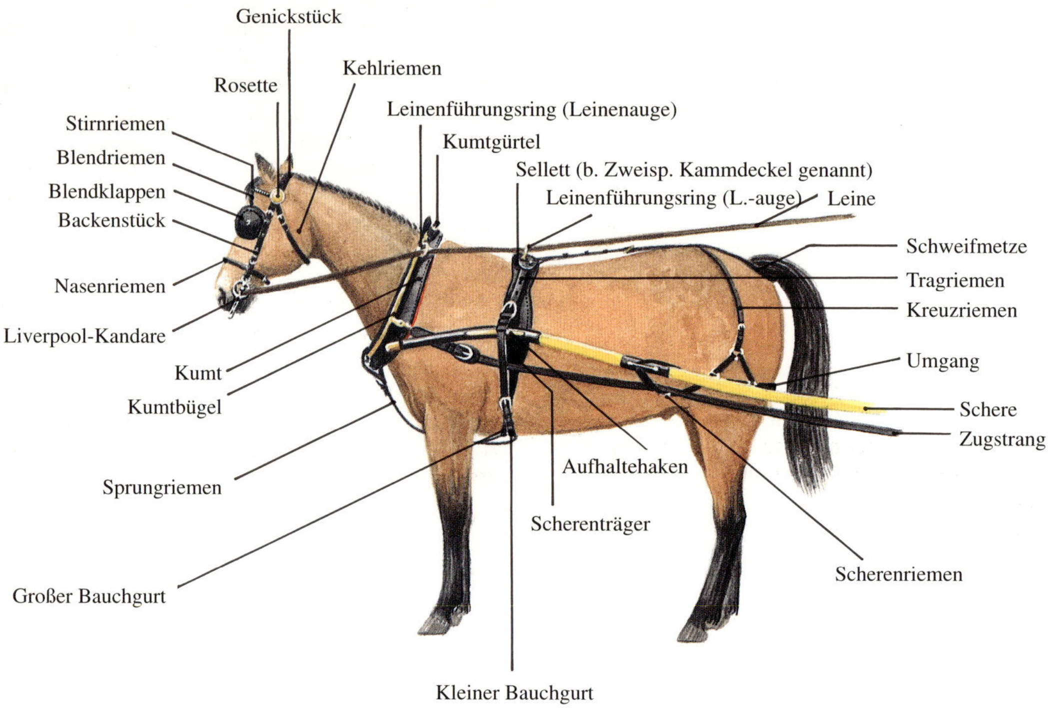

DAS KUMT-GESCHIRR

Beim Aufschirren muß stets zuerst das Kumt angelegt werden, denn der Überlieferung nach soll es Unglück bringen, mit einem Pferd zu fahren, dem zuerst Sellett oder Fahrzaum angelegt wurde. Fahrer, die fest an den alten Traditionen festhalten, neigen zum Aberglauben und weigern sich, ein Pferd zu fahren, bei dem diese Reihenfolge des Aufschirrens nicht eingehalten worden ist. Die Ursache liegt darin, daß früher der Kumtbügel mit dem Kumtpolster, den Zugsträngen und dem Sprungriemen zusammen angelegt worden ist. Als nächstes folgte das Sellett und die Befestigung des Bauchgurts mit eingelegtem Sprungriemen. Würde man das Sellett zuerst auflegen, so müßte der Bauchgurt nochmals gelöst werden, um den Sprungriemen einzuschnallen, nachdem das Kumt aufgelegt worden ist.

Aufschirren mit einem Brustblatt-Geschirr

Das Brustblatt-Geschirr ist im Vergleich zum Kumt einfacher zu verpassen. Es kann am Halsriemen verschnallt, und so für Pferde verschiedener Größe (plusminus zehn Zentimeter) passend gemacht werden.

Es gibt verschiedene Möglichkeiten, ein Brustblatt-Geschirr anzulegen. Am einfachsten ist es, das Brustblatt so zu halten, daß der obere Teil nach unten zeigt, und dieses dann so über den Pferdekopf zu streifen. Danach wird es in Mähnenrichtung am Pferdehals gedreht und in der richtigen Lage auf der Schulter aufgelegt. Eine andere Möglichkeit ist es, die Halskoppel auf einer Seite aufzuschnallen, diese um den Hals zu legen und in der richtigen Lage am Hals wieder zuzuschnallen. Manchen Leuten ist es lieber, wenn die Zugstränge beim Aufschirren mit dem Brustblatt verbunden sind, während andere es vorziehen, die Zugstränge erst nach dem Anlegen des Brustblatts einzuschnallen.

Das Brustblatt muß knapp über dem Buggelenk und unterhalb der Luftröhre liegen. Besonders muß darauf geachtet werden, daß der Halsriemen so verschnallt wird, daß er das Brustblatt in der richtigen Höhe trägt. Wichtig ist auch, daß die Kutsche bei der Brustblatt-Anspannung mit einem Ortscheit versehen ist. Würden die Zugstränge mit feststehenden Docken auf der Bracke verbunden, würde sich das Pferd mit ziemlicher Sicherheit an den Schultern aufscheuern, da das Brustblatt bei jedem Schritt gegen die Schultern reiben würde. Das Ortscheit macht jede Bewegung mit und ist somit eine große Erleichterung für das Pferd.

Liegt das Brustblatt zu hoch, so drückt es auf die Luftröhre des Pferdes und behindert die Atmung. Liegt es hingegen zu tief, wird das Pferd durch Druck auf die Vorhand in seiner Vorwärtsbewegung behindert.

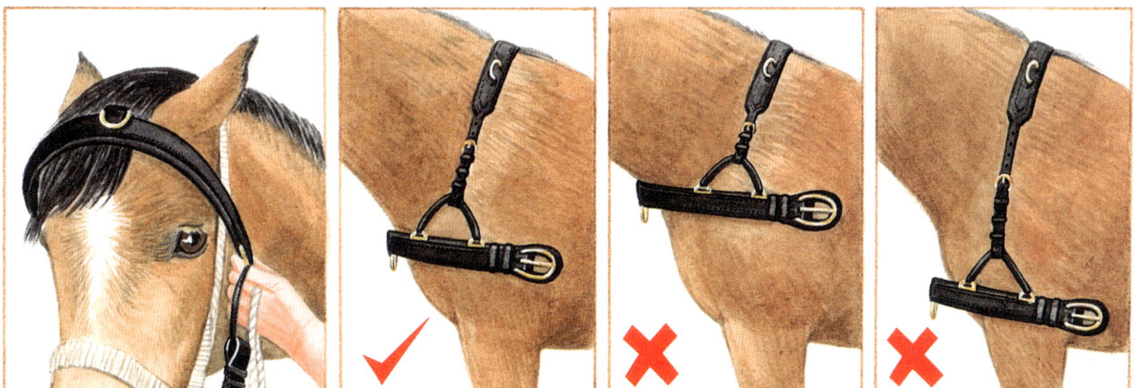

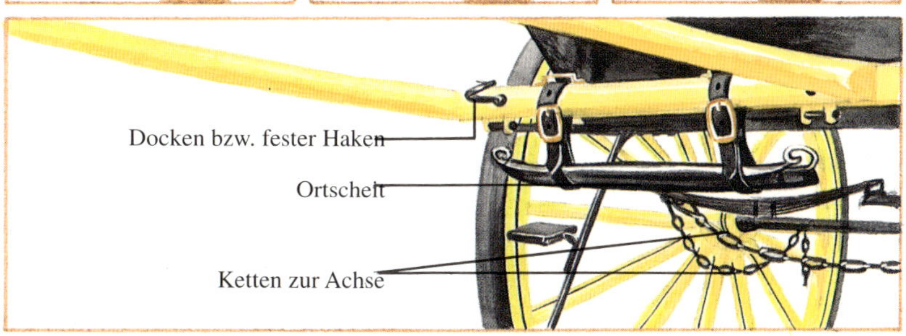

Aufschirren mit einem Kumt-Geschirr

Das Kumt wird mit der unteren breiten Seite nach oben über den Pferdekopf gestreift. Zum Anbinden des Pferdes empfiehlt es sich, statt eines Lederhalfters ein einfaches Gurthalfter zu verwenden, da das Kumt sonst von einer Schnalle zerkratzt oder gar zerrissen werden könnte. Dann werden die Kumtbügel auf dem Kumtkissen angebracht und mit dem Kumtgürtel befestigt, der zu diesem Zeitpunkt noch auf der unteren Seite des Halses liegt. Als nächstes wird das Kumt an der dünnsten Stelle des Halses, dicht hinter der Kehle, in Mähnenrichtung richtig herum gedreht und an die Schulter gelegt. Der Kumtgürtel wird dann auf der linken Seite fest zugeschnallt, um ein Verrutschen der Kumtbügel zu verhindern.

Wird ein Sprungriemen verwendet, so kann dieser nun auf der Unterseite des Kumts am Kumtschloß durch den Langring eingeschnallt werden. Der Sprungriemen soll in der Einspänner Kumt-Anspannung ein Hochrutschen des Kumts verhindern, was für gewöhnlich jedoch nur bei Pferden mit extrem schwungvollen Bewegungen nötig ist.

Das korrekte Verpassen des Kumts kann mitunter schwierig sein; aus diesem Grund bevorzugen die meisten Fahranfänger das Brustblattgeschirr. Für eine effiziente Zugleistung und um Scheuerstellen zu vermeiden, ist es absolut notwendig, daß das Kumt dem Pferd genau angepaßt ist. Ein schlecht verpaßtes Kumt kann mit den schlecht sitzenden Schuhen eines Menschen verglichen werden. Für Pferd und Mensch gleichermaßen unangenehm, sind meist schmerzhafte Scheuerstellen die Folge. Jeder, der schon einmal Blasen von unbequemen Schuhen bekommen hat, kann nachfühlen, wie sehr ein Pferd darunter zu leiden hat, wenn es mit einem schlecht verpaßten Kumt eine Last ziehen soll.

Das Kumt liegt richtig, wenn man unten eine Hand zwischen Kumt und Luftröhre einschieben kann. Ist das Kumt zu kurz, wird es mit der unteren Hälfte beim Anziehen des Pferdes auf die Luftröhre drücken. Ein zu schmales Kumt engt das Pferd ein.

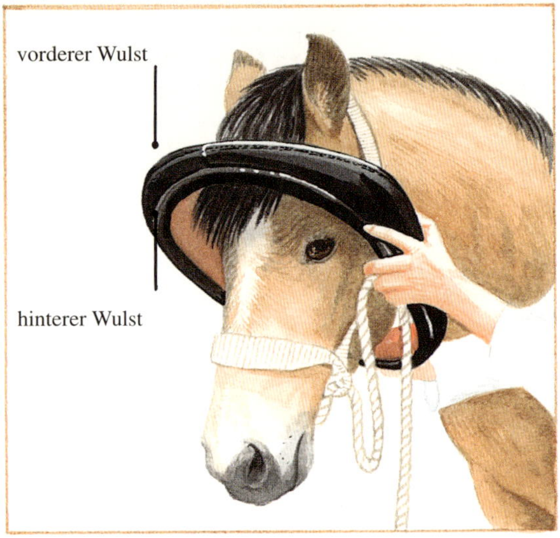

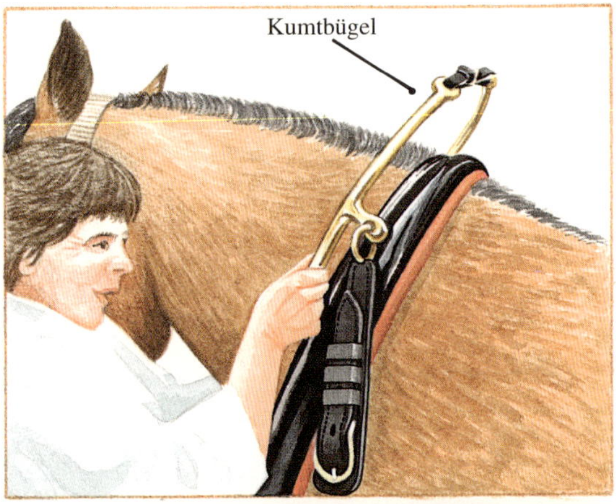

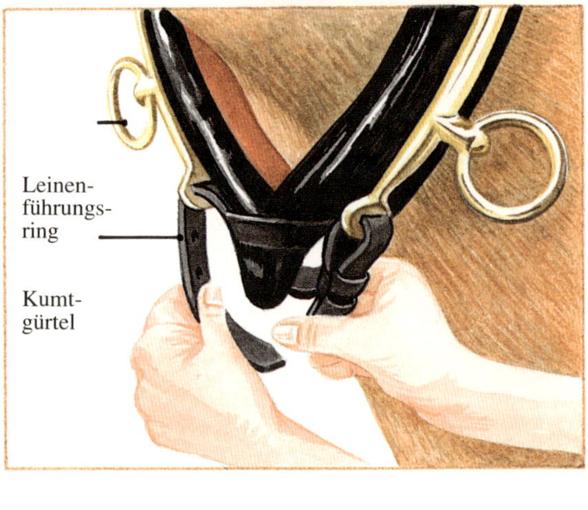

Es sollte gerade genug Spielraum vorhanden sein, um mit der flachen Hand zwischen Pferdehals und Innenseite des Kumts greifen zu können. Ein zu großes Kumt rutscht hin und her und führt in den allermeisten Fällen zu Scheuerstellen an den Schultern. Liegt das Kumt zu tief, schiebt es sich nach oben, so daß man zwischen dem Kumt und der Oberseite des Pferdehalses wie durch ein Dreieck hindurchschauen kann.

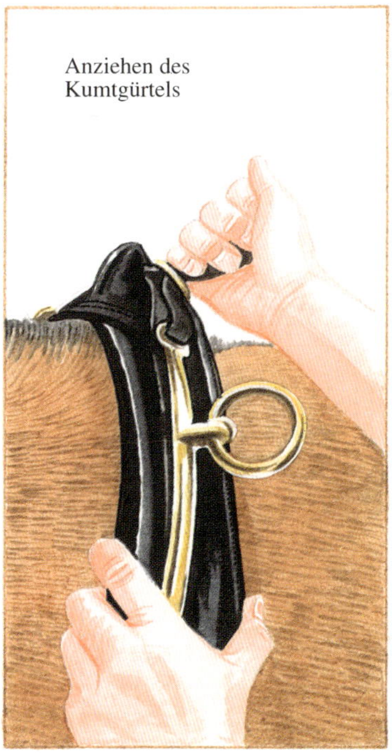

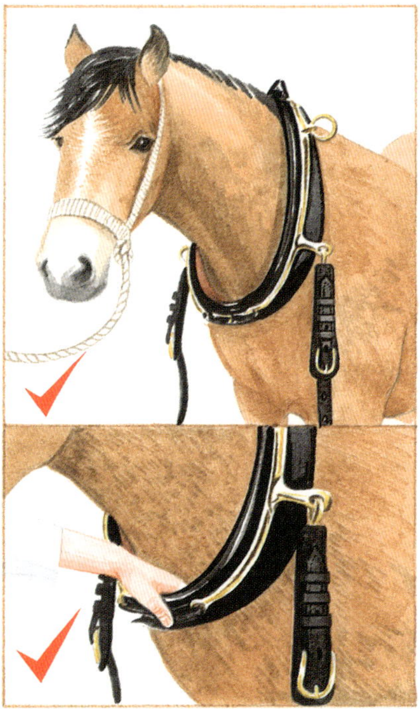

ANPASSEN VON SELLETT* UND SCHWEIFMETZE

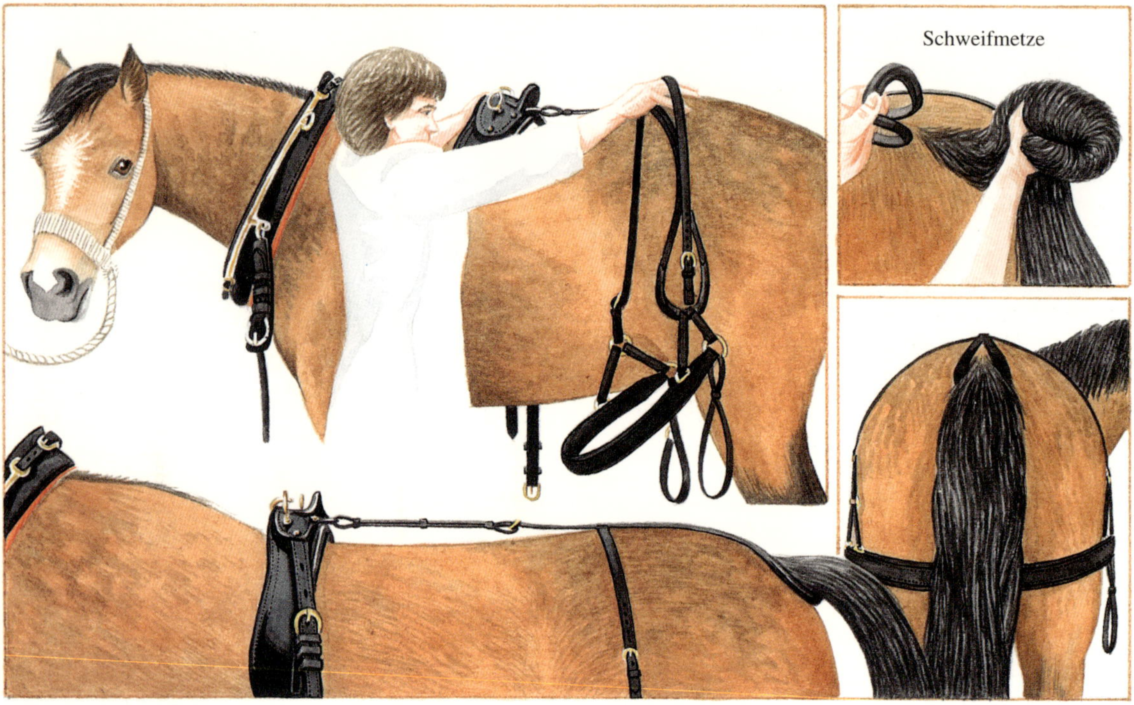

Als nächstes erfolgt das Auflegen des Selletts. Es ist einfacher, wenn Schweifmetze und Hintergeschirr mit dem Sellett zusammengeschnallt sind und so zusammen aufgelegt werden können. Man kann hier unterschiedlich vorgehen. Manche Fahrer ziehen es vor, das Sellett aufzulegen und den Bauchgurt lose zuzuschnallen, bevor die Schweifmetze unter dem Schweif befestigt wird. Dies ist durchaus richtig, vorausgesetzt, die Schweifmetze ist mit dem Schweifriemen durch eine oder mehrere Schnallen verbunden. Ist die Schweifmetze an den Schweifriemen angenäht, so muß der Schweifriemen ausgeschnallt werden, um die Schweifmetze unter den Schweif zu schieben. Manche Fahrer lassen den Bauchgurt offen, während sie die Schweifmetze anlegen.

Die anzuwendende Methode hängt größtenteils vom Ausbildungsstand des Pferdes ab. Handelt es sich um ein junges oder nervöses Pferd, so ist es natürlich sicherer, den Bauchgurt zuzuschnallen, um zu verhindern, daß das Sellett herunterfällt und beschädigt wird. Ist die Schweifmetze an den Schweifriemen angenäht, muß die Schweifrübe angehoben werden, um die Schweifmetze darunter zu schieben. Ist eine Schnalle vorhanden, kann die Schweifmetze auf einer Seite gelöst werden, um unter dem Schweif hindurchgeführt zu werden. Hierbei ist größte Sorgfalt angebracht und darauf zu achten, daß keine Haare zwischen der Unterseite der Schweifrübe und der Schweifmetze eingeklemmt sind. Die Vernachlässigung eines solchen Details kann zu Scheuerstellen an der Schweifrübe führen.

*Kammdeckel beim Zweispänner

Es ist absolut notwendig, daß das Sellett korrekt auf den Pferderücken aufgelegt wird.
Das Sellett muß, wie ein Reitsattel auch, dem Pferd in der Breite korrekt angepaßt sein.
Ein schmales Pferd benötigt ein Sellett mit einem schmalen Baum, ein breiteres Pferd ein breiteres Sellett. Oftmals wird das Sellett zu weit vorne aufgelegt. Ein Sellett sollte so ziemlich an der gleichen Stelle wie ein Deckengurt aufgelegt werden. Liegt das Sellett zu weit vorne, so drückt es auf den Widerrist und kann sogar Rückenprobleme nach sich ziehen. Des weiteren kann ein zu weit vorne liegender Bauchgurt Druckstellen an den Ellenbogen verursachen.

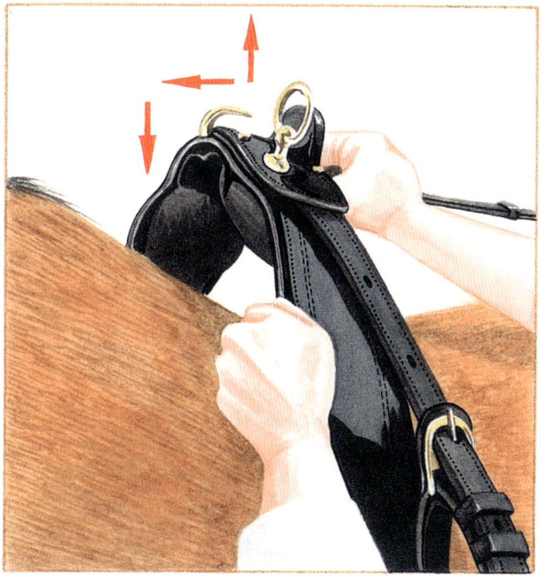

Sobald die Schweifmetze korrekt angebracht worden ist, kann das Sellett angehoben und nach vorn in die richtige Lage gebracht werden. Es ist darauf zu achten, daß das Fell unter dem Sellett glatt liegt.

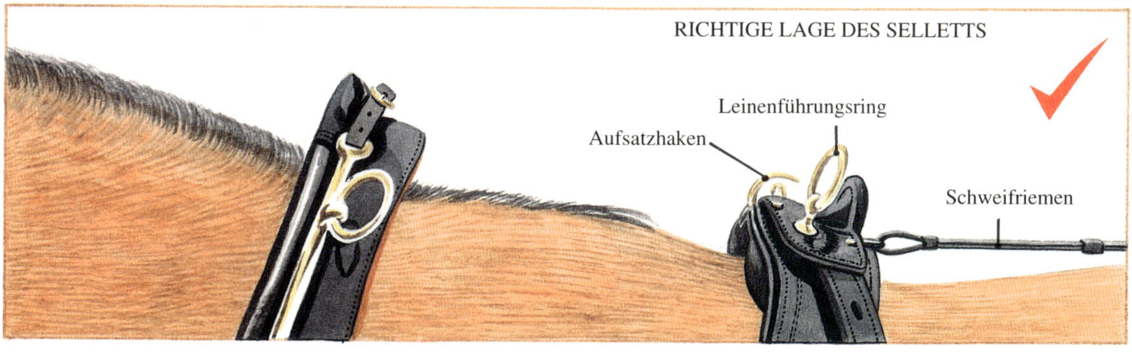

Anziehen des Bauchgurts und Anpassen des Hintergeschirrs

Beim Anziehen des Bauchgurts sollte man, um ein Einklemmen der Haut zu vermeiden, eine Hand zwischen Gurt und Pferdeleib legen.

Der Bauchgurt wird zunächst sehr locker verschnallt, da es so wesentlich einfacher ist, beim Anspannen die Scheren in die Scherenhalter zu legen.

Nun wird das Hintergeschirr befestigt. Es ist durch die Trageriemen verstellbar. Die obere Kante des Umganges sollte eine Handbreit unter dem Sitzbeinhöcker liegen. Wird das Hintergeschirr zu tief angebracht, könnte es die Hinterbeine unter den Pferdekörper schieben und das Pferd so zum Rutschen bringen. Ist es hingegen zu hoch angebracht, könnte es sich unter dem Schweif verkanten und das Pferd zum Ausschlagen provozieren. Das Hintergeschirr muß korrekt verpaßt sein, damit das Pferd bei Bergabstrecken nicht von der aufzuhaltenden Last gestört wird.

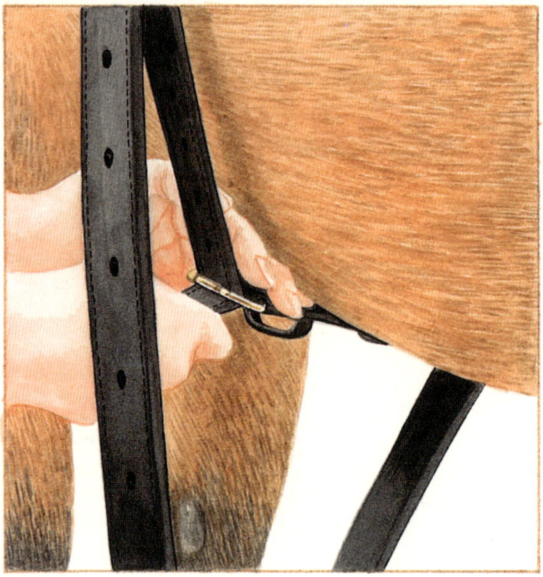

Anziehen des Bauchgurts

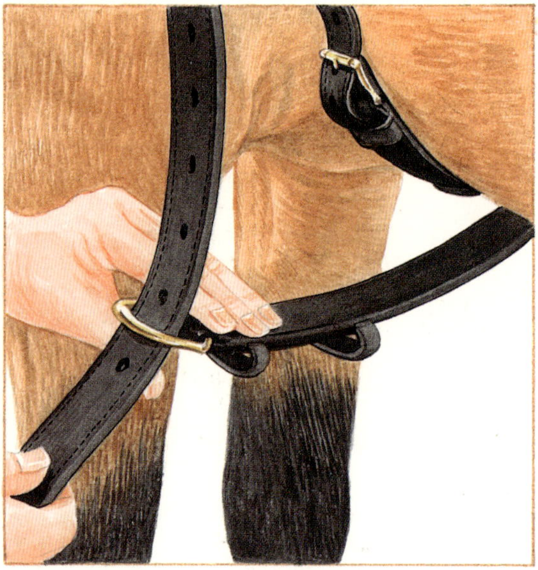

Der kleine Bauchgurt darf beim Anspannen nicht offen gelassen werden, da sonst die Gefahr besteht, daß der Wagen bei einer unerwarteten Bewegung des Pferdes nach hinten kippt.

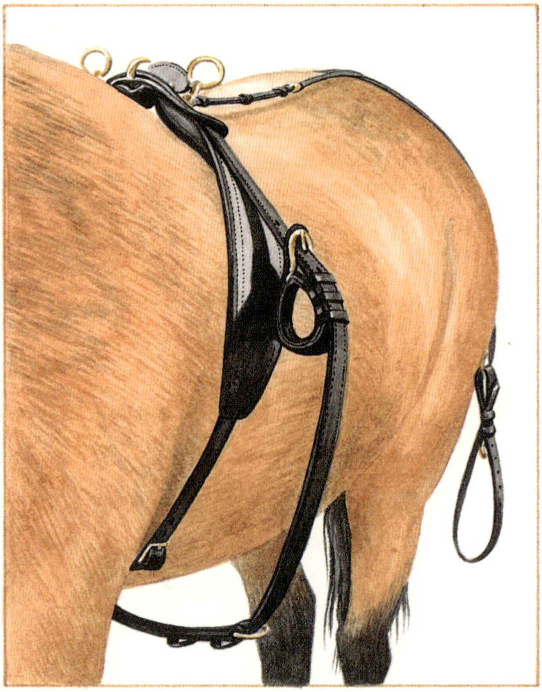

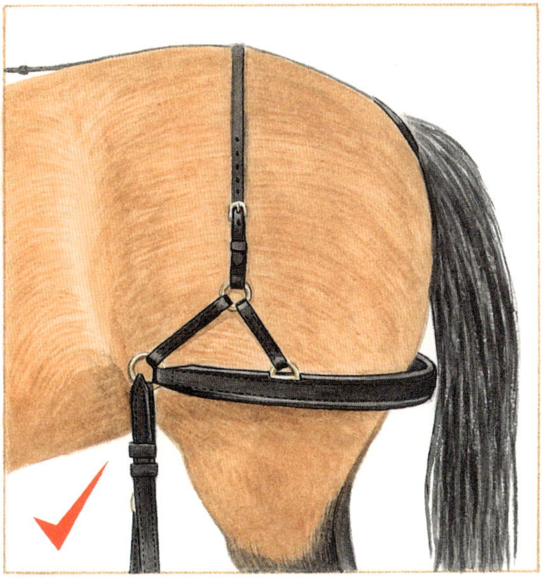

Korrekt verpaßtes Hintergeschirr.

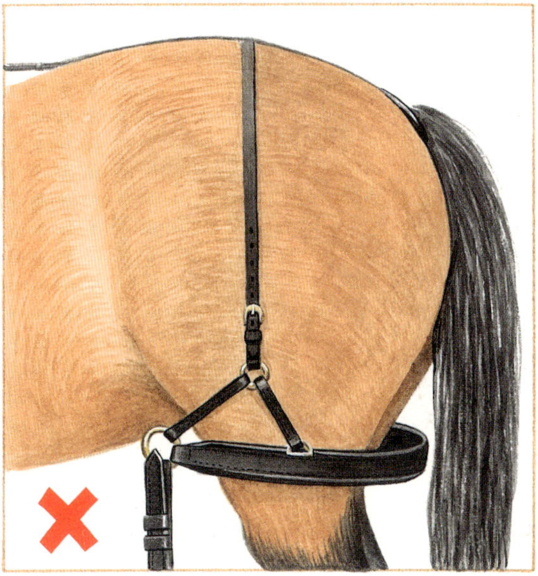

Hintergeschirr liegt zu tief.

Einziehen der Leinen

Am sichersten ist es, als nächstes die Leinen einzuziehen. Die einfachste Methode besteht darin, die Leinen in der Mitte an der Naht zu falten und über den Pferderücken zu legen. Die Leinen können dann durch die Leinenführungsringe des Selletts und des Kumts bzw. der Halskoppel eingezogen werden, wobei noch genügend Länge vorhanden sein muß, damit die Leinen nach Anlegen des Fahrzaums in das Gebiß eingeschnallt werden können. Die hinteren Leinenenden können, je nach Belieben, zusammengeschnallt oder offen gelassen werden. Manche Fahrer ziehen das Lederende durch den schmalen Aufsatzhaken, um die Leinen so zusammenzuhalten; sie können durch Ziehen sofort wieder gelöst werden. Danach werden die Leinen in den Leinenführungsring des Selletts eingezogen, und der Fahrer kann die Leinen aufnehmen.

Fahrzaum, Blendklappen, Gebisse

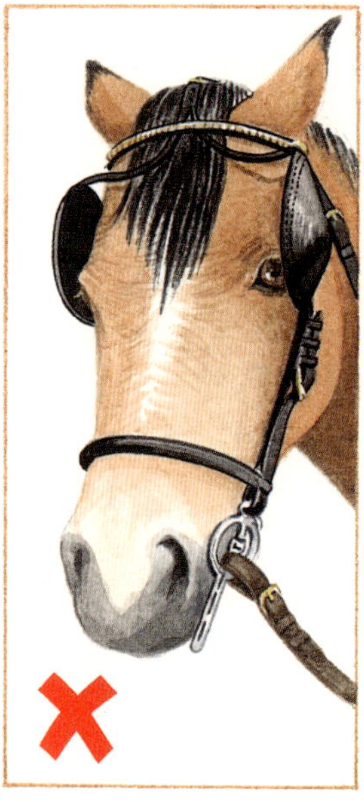

Als letztes wird der Fahrzaum angelegt. Das Pferdemaul muß, genau wie beim Anlegen einer Reittrense, vorsichtig geöffnet werden. Es ist unumgänglich, daß der Fahrzaum dem Pferd genau angepaßt ist.

Die Blendklappen müssen so verpaßt sein, daß der breiteste Teil genau auf Augenhöhe des Pferdes liegt, um ein Rückwärtsschauen des Pferdes zu verhindern. Blendriemen, die durch die Blendriemenschnallen mit dem Genickstück verbunden sind, sorgen für die richtige Lage der Blendklappen. Die Innenseite der Blendklappen muß eine leichte Auswölbung aufweisen, um dem Auge genügend Platz zu lassen.

Auch der Stirnriemen muß sorgfältig verpaßt werden, so daß die Rosetten, die ein eventuelles Hochrutschen des Stirnriemens verhindern sollen, hinter den Pferdeohren liegen. Der Nasenriemen, der auf beiden Seiten durch Schlaufen mit den Backenstücken verbunden ist, muß exakt die richtige Länge haben. Ist er zu kurz, so zieht er die Backenstücke nach vorne, was wiederum dazu führen würde, daß die Blendklappen auf das Auge des Pferdes drücken würden. Ein zu langer Nasenriemen hingegen läßt die Backenstücke abstehen und ermöglicht dem Pferd, nach hinten zu sehen.

Das **Liverpool-Gebiß** ist wegen seiner vielseitigen Verwendbarkeit das für Fahrpferde gebräuchlichste Gebiß. Das Mundstück besteht entweder aus Stahl, Nickel, Vulkanit, Nylon oder Gummi und ist in verschiedenen Größen und Varianten, als Stange, gebrochenes Gebiß, nach oben gebogen, mit leichter Zungenfreiheit sowie mit starker Zungenfreiheit erhältlich. Bei einigen Mundstücken ist die Oberfläche auf der einen Seite gerippt, auf der anderen glatt, so daß sie bei Bedarf umgedreht werden können. Liverpool-Gebisse gibt es mit verstellbaren und starren Mundstücken.

Die Leinen können, je nach gewünschter Schärfe, höher oder tiefer eingeschnallt werden; hier gibt es bis zu fünf Einschnallmöglichkeiten. Am „weichsten“ wirkt die Leinenschnallung, wenn die Leinen in die hintere Hälfte des Schaumrings eingeschnallt werden. Hier entsteht weder eine Hebelwirkung durch die Kinnkette noch ein

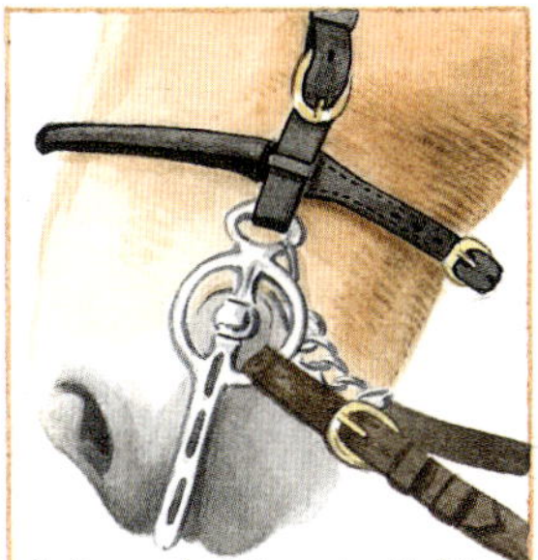
Leinenschnallung in die hintere Hälfte des Schaumrings

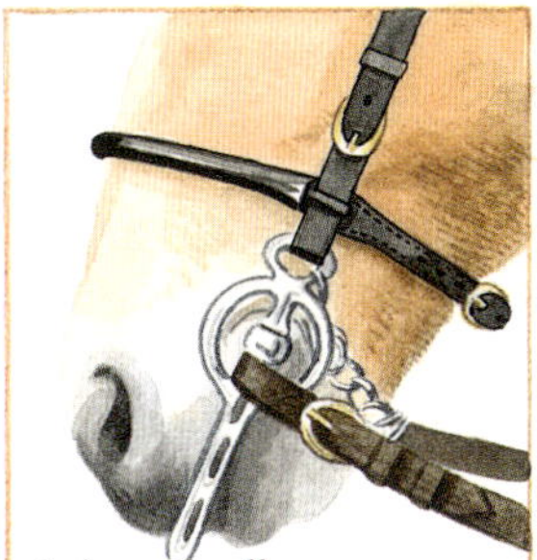
Leinenschnallung um den Balken

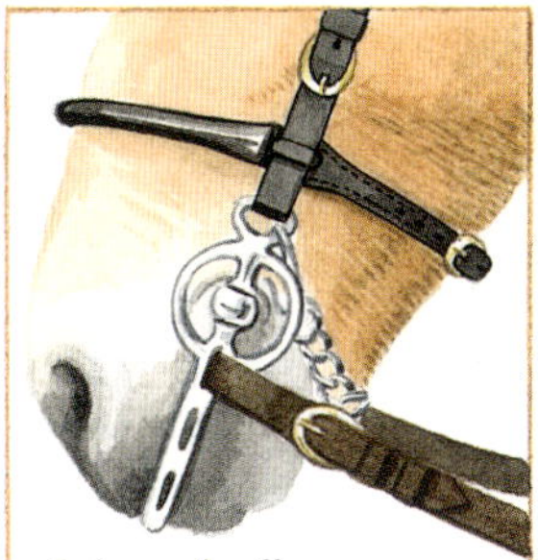
Leinenschnallung im oberen Schlitz

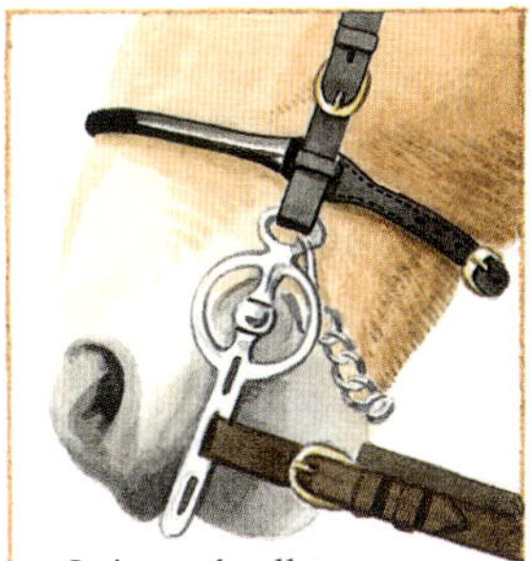
Leinenschnallung im mittleren Schlitz

Druck auf das Genick. Das Gebiß wirkt nur auf die Zunge und die Mundwinkel, je nach Art des verwendeten Mundstücks. Werden die Leinen um den Balken geschnallt, verursacht dies beim Annehmen der Leinen leichten Druck auf die in der Kinnkettengrube liegende Kinnkette. Der durch die Kinnkette erzeugte Widerstand entsteht, wenn sich der Balken in einem Winkel von ungefähr 45 Grad zum Pferdemaul befindet. Hängen die Leinen durch, sollte die Kinnkette flach und locker in der Kinnkettengrube anliegen. Eine verdrehte oder zu enge Kinnkette kann zu Verletzungen in der Kinnkettengrube führen; in Extremfällen bildet sich eine Art Hornhaut, die mit der Zeit zur Gefühllosigkeit führt.

Die Hebelwirkung wird erhöht, wenn man die Leinen in den **oberen Schlitz** einschnallt, die Einwirkung ist hier also etwas stärker. Durch das leichte Vorneigen des Schaumringes am Gebiß überträgt sich der Druck auf das Genick. Je tiefer die Leinen eingeschnallt werden, desto stärker wird die Einwirkung, d.h., **der untere Schlitz** sorgt für die schärfste Einwirkung, der **mittlere Schlitz** für die zweitschärfste.

Manche Fahrer bevorzugen eine **Wilson Doppelringtrense.** Eine solche Trense hat im Gegensatz zur Reittrense vier anstatt zwei Ringe. Am Trensengebiß sind zwei lose Ringe befestigt, in die die Backenstücke der Trense eingeschnallt werden sollten. Im normalen Gebrauch werden die Leinen für gewöhnlich in beide Trensenringe, also in den festen und den losen, eingeschnallt. Werden die Leinen bei einem gebrochenen Mundstück nur in die Trensenringe eingeschnallt, ergibt sich eine sehr scharfe Einwirkung. Es wird nicht nur eine Nußknackerwirkung auf der Zunge erzielt, durch die Quetschwirkung verengt sich auch das Gebiß im Maul, so daß die losen Ringe gegen die Maulspalten und die Backenzähne drücken. Aus diesem Grund sollte man von einer solchen Einschnallung absehen, es sei denn, es wäre ein wirklich triftiger Grund für eine solch scharfe Einwirkung vorhanden.

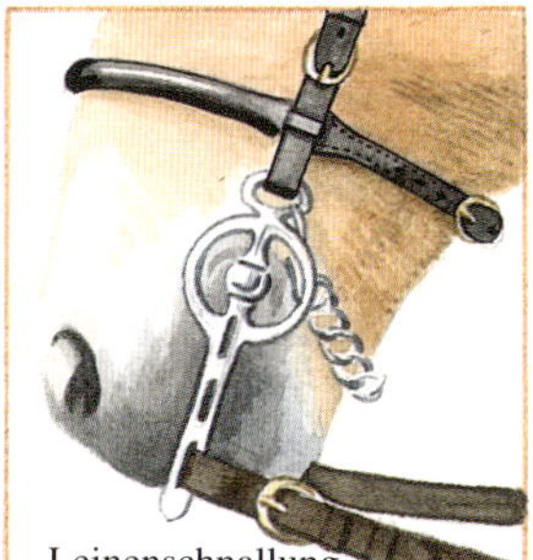
Leinenschnallung im unteren Schlitz

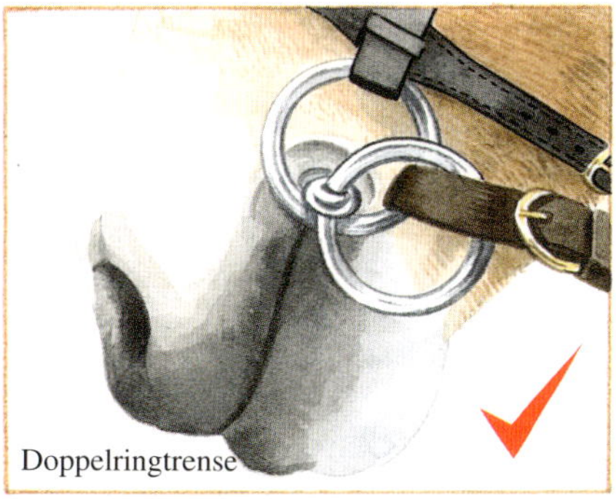
Doppelringtrense

Herausführen aus dem Stall und Anspannen

Wurde das Pferd bereits im Stall aufgeschirrt, so ist beim Herausführen aus dem Stall größte Sorgfalt angebracht. Man darf nicht außer acht lassen, daß das Pferd durch die Blendklappen weder nach hinten noch zur Seite schauen kann. Aus diesem Grund ist es außerordentlich wichtig, das Pferd absolut gerade durch die Tür zu führen. Geht man hier nicht mit genügender Sorgfalt vor, so wird es mit größter Wahrscheinlichkeit mit dem Bauchriemen, dem Sellett oder der Hüfte am Türrahmen hängenbleiben. Dies führt nicht nur zu Beschädigungen des Geschirrs, sondern kann auch ernsthafte Verletzungen der Hüfte zur Folge haben. Das Pferd bekommt außerdem einen Schreck und wird von nun an höchstwahrscheinlich nicht mehr ruhig durch eine Tür gehen. Somit kann ein Augenblick der Nachlässigkeit zu nicht wieder gutzumachenden Problemen führen.

Will man das Pferd an einen zweirädrigen Wagen anspannen, sollte es von einem Gehilfen festgehalten werden, während der Wagen von hinten herangeschoben wird. Es ist darauf zu achten, daß das Pferd hierbei gerade bleibt und die Scheren mit genügend großem Abstand über der Kruppe des Pferdes gehalten werden. Keinesfalls dürfen sich hierbei die Scherenspitzen in die Hinterhand des Pferdes bohren. Das Pferd würde sein Vertrauen verlieren und in Zukunft beim Heranbringen des Wagens nicht mehr ruhig stehenbleiben. Nun werden die Scheren in die Scherenträger gelegt und so weit vorgezogen, daß die Aufhaltehaken auf den Scherenträgern liegen.

Am sinnvollsten ist es, wenn eine Person das Pferd hält, während die andere sich um das eigentliche Anspannen kümmert. So hat immer nur eine Person die Verantwortung, und die Gefahr eines Fehlers oder Unfalls verringert sich.

Nun werden die Stränge – mit deren Hilfe das Pferd den Wagen zieht – befestigt. Die einzelnen Stränge werden normalerweise zwischen dem großen und dem kleinen Bauchgurt hindurchgeführt und an dem dafür vorgesehenen Haken am Ortscheit befestigt, wobei darauf zu achten ist, daß die Stränge nicht verdreht werden.

DER DOGCART

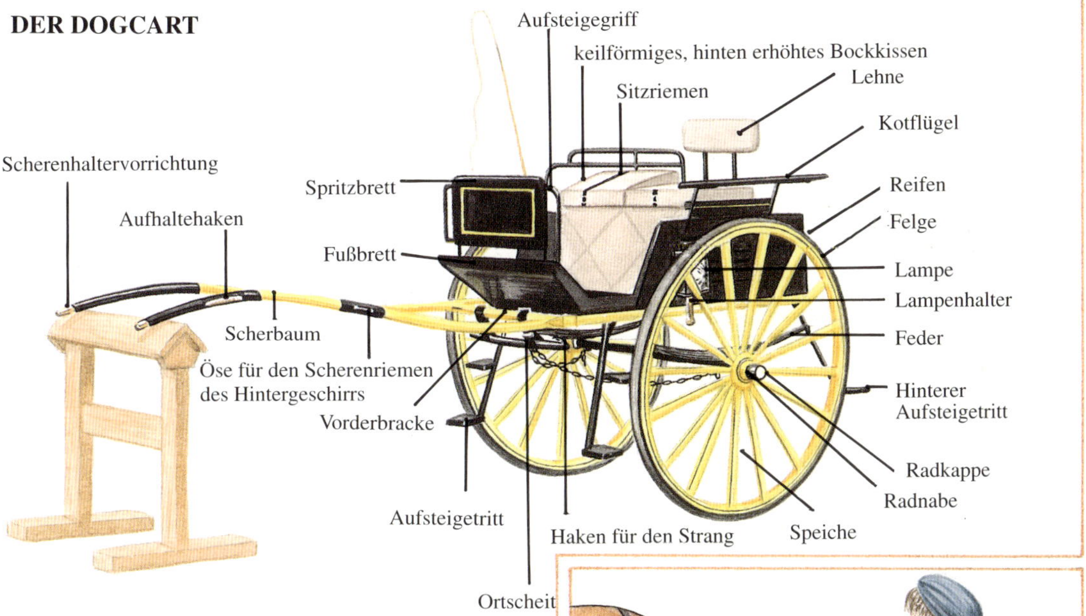
Aufsteigegriff
keilförmiges, hinten erhöhtes Bockkissen
Lehne
Sitzriemen
Kotflügel
Scherenhaltervorrichtung
Spritzbrett
Reifen
Aufhaltehaken
Felge
Fußbrett
Lampe
Lampenhalter
Scherbaum
Feder
Öse für den Scherenriemen
des Hintergeschirrs
Hinterer
Aufsteigetritt
Vorderbracke
Radkappe
Radnabe
Aufsteigetritt
Speiche
Haken für den Strang
Ortscheit

Herausführen aus dem Stall und Anspannen

Als nächstes wird das Hintergeschirr befestigt. Es hat Bremsfunktion. Die Trageriemen werden um die Schere und durch darauf befestigte Ösen geführt, bevor sie zugeschnallt werden. Es ist äußerst wichtig, daß das Hintergeschirr korrekt verpaßt ist. Wenn das Pferd in den Strängen steht (d.h., den Wagen zieht), wobei die Scherenhalter auf den Aufhaltehaken und die Halteriemen senkrecht liegen, sollte zwischen Hinterhand und Umgang eine Faust hindurchpassen. Bremst das Pferd den Wagen mit dem Hintergeschirr ab, schützt der Umgang die Hinterhand des Pferdes.

Der Bauchgurt muß straff genug sein, um ein Hin- und Herschaukeln des Wagens zu verhindern, jedoch nicht so stramm, daß er keinen Spielraum für ein Ausbalancieren des Wagens läßt.

Im Idealfall liegen die Scheren des beladenen Wagens leicht in den Scherenhaltern auf. Es sollte weder Gewicht auf dem Pferderücken noch auf dem Bauchgurt lasten.

Der Wagen muß unbedingt die richtige Größe für das Pferd haben. Ist er zu groß, besteht die Tendenz, daß er sich nach vorne, in Richtung Pferderücken neigt; ist er zu klein, neigt sich der Bock leicht nach oben. Beides ist für Pferd und Fahrer äußerst unbequem. Bei einem zu großen Wagen besteht die Gefahr, daß das Gewicht auf den Pferderücken verlagert wird, was für das Pferd sehr ermüdend ist. Ein zu kleiner Wagen ist gleichermaßen unbequem - das Pferd kann seinen Schweif nicht in entspannter Haltung tragen, da nicht ausreichend Platz zwischen Hinterhand und Spritzbrett vorhanden ist.

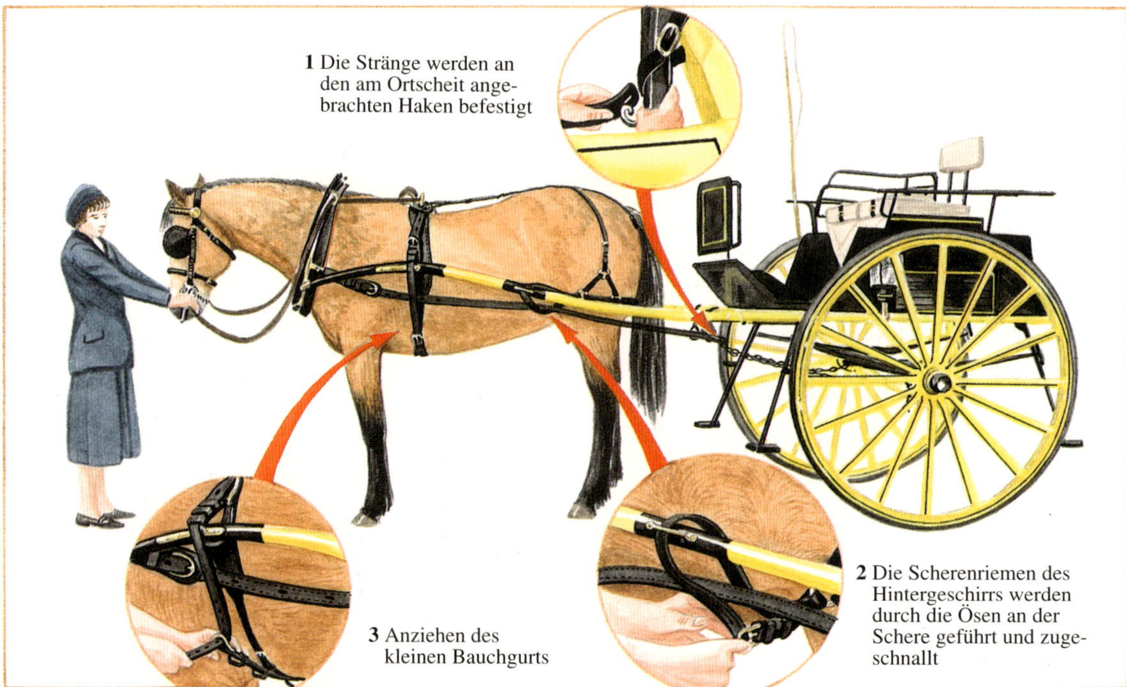

1 Die Stränge werden an den am Ortscheit angebrachten Haken befestigt

2 Die Scherenriemen des Hintergeschirrs werden durch die Ösen an der Schere geführt und zugeschnallt

3 Anziehen des kleinen Bauchgurts

LEINENHALTUNG UND -FÜHRUNG

Vor den ersten Fahrversuchen mit einem Pferd ist es ratsam, die traditionelle Leinenhaltung und -führung zuerst einmal an einem Fahrlehrgerät zu üben. Es ist eine ausgezeichnete Methode, um ein Gefühl dafür zu bekommen, wie selbst ein leichtes Eindrehen des Handgelenks erhebliche Einwirkung auf das Pferdemaul haben kann.

Da der Fahrer keine Möglichkeit hat, mit Schenkeln und Gesäß auf das Pferd einzuwirken, muß er sich für die Verständigung mit dem Pferd völlig auf Hand und Stimme verlassen. Die Peitsche ist ein zusätzliches Hilfsmittel, ihr Gebrauch dient jedoch nur der Unterstützung der Stimme und nicht als Strafe. Die traditionellen Fahrpeitschen, an deren Ende ein leichter Riemen und eine Peitschenschnur befestigt sind, werden aus verschiedenen Hölzern gefertigt und würden bei heftigem Gebrauch brechen.

Grundhaltung: Beide Leinen werden stets in der linken Hand gehalten. Die linke Leine liegt über dem Zeigefinger, die rechte Leine unter dem Mittelfinger, so daß die Leinen durch diese beiden Finger geteilt werden. Die Leinenenden hängen durch die Hand durch; ein Durchrutschen wird von den Fingerspitzen der drei unteren Finger verhindert. Die Hand wird vor der Körpermitte getragen, die Knöchel zeigen zum Pferd. Die Peitsche liegt stets in der rechten Hand in einem Winkel von ca. 45 Grad zu den Leinen.

Manche Fahranfänger mögen es einfacher finden, zu Beginn in jeder Hand eine Leine zu halten. Es wäre jedoch ein großer Fehler, sich etwas Falsches anzugewöhnen, da dies später nur schwer wieder auszumerzen ist. Man sollte auf jeden Fall die korrekte Leinenhaltung erlernen und üben, bis sie einem in Fleisch und Blut übergegangen ist. Ein weiterer Nachteil einer beidseitigen Leinenhaltung ist der, daß ein schnelles Nachfassen der Leinen erheblich erschwert würde.

Leinenhaltung und -Führung

Für die **Linksstellung** (Vorbereitung zur Linkswendung) wird die linke Hand so gedreht, daß die Fingerknöchel zum Körper hin zeigen. So entsteht leichter Druck auf der linken Leine, während die rechte Leine etwas nachgibt, um dem Pferd die Wendung zu ermöglichen.

Für die **Rechtsstellung** (Vorbereitung zur Rechtswendung) wird die linke Hand in die entgegengesetzte Richtung gedreht, d.h., die Fingerknöchel zeigen vom Körper weg und die Handfläche zeigt nach oben. Damit wird ein Nachgeben mit der linken Leine bei gleichzeitigem Annehmen der rechten Leine erzielt.

Manchmal wird diese Methode der Leinenführung fälschlicherweise als „einhändiges Fahren" bezeichnet. Dieser Ausdruck ist absolut unkorrekt.

Gebrauchshaltung: Die rechte Hand greift die Leinen etwas vor der linken Hand. Die Peitsche wird zwischen Daumen und Zeigefinger gehalten; die innere Leine liegt unter dem Zeigefinger. Die äußere Leine kann entweder unter dem Mittelfinger oder dem kleinen Finger liegen. Auf diese Weise unterstützt die rechte Hand stets die linke Hand, beide Hände arbeiten zusammen.

Zur **Linkswendung** wird die linke Hand, wie oben beschrieben, zur Vorbereitung der Linksstellung eingedreht, für die Wendung nimmt die rechte Hand die linke Leine an.

Zur **Rechtswendung** wird die linke Hand, wie oben beschrieben, zur Vorbereitung der Rechtsstellung gedreht, die rechte Hand nimmt die rechte Leine je nach Bedarf mehr oder weniger stark an.

Das Stellunggeben und Wenden sollte eingehend am Fahrlehrgerät geübt werden, bis der Schüler absolut sicher ist.

Es ist wichtig, daß auch beim Üben am Fahrlehrgerät ein Stock in der rechten Hand gehalten wird, um die korrekte Position der Finger beizubehalten. Andernfalls besteht die Gefahr, daß der rechte Daumen unter die Leinen rutscht. Zum Verkürzen der Leinen geht die rechte Hand Stück für Stück ein wenig nach vorne. Die linke Hand greift nach.

Stellung geben nach links

Stellung geben nach rechts

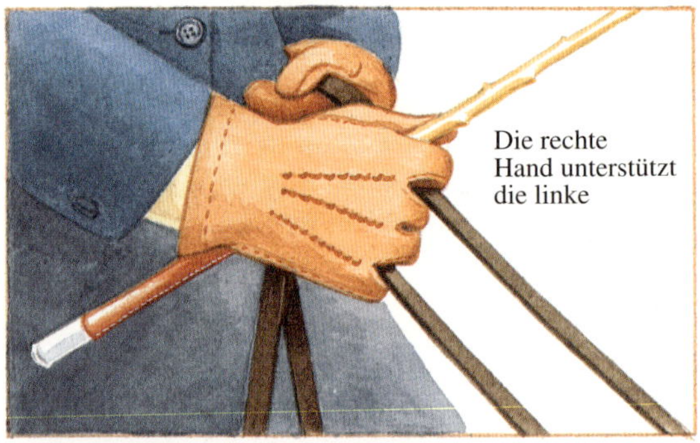
Die rechte Hand unterstützt die linke

Linkswendung

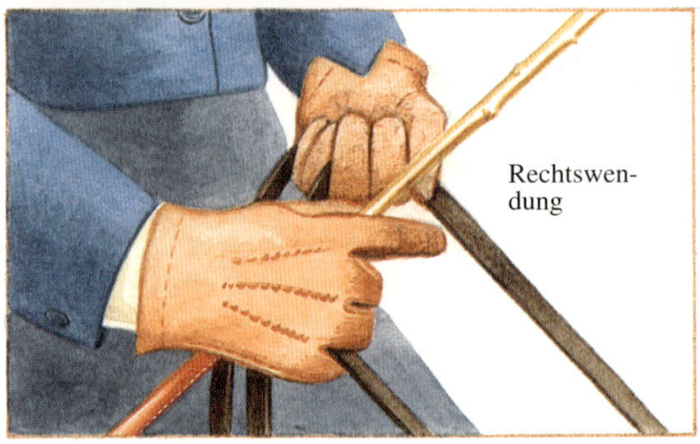
Rechtswendung

Unkorrekte Leinenführung
Würde man in jeder Hand eine Leine halten, so wäre es unmöglich, das Pferd während des Gebrauchs der Peitsche gerade zu halten.
In dem Moment, in dem die rechte Hand nach vorne geht, um die Peitsche zu gebrauchen, geht die Verbindung zur rechten Seite des Pferdemauls verloren, was aller Wahrscheinlichkeit nach ein Linksschwanken des Pferdes zur Folge hat. Liegen die Leinen korrekt in der linken Hand, kann die Peitsche mit der rechten Hand, die sich zu diesem Zweck von den Leinen löst, gebraucht werden. Das Pferd kann nun gerade gehalten werden, indem durch Eindrehen der linken Hand, die beide Leinen hält, Druck auf die jeweilige Leine ausgeübt wird. Wenn nötig, kann die linke Hand zur linken Hüfte hin bewegt werden, um Druck auf die rechte Leine auszuüben. Soll Druck auf die linke Leine ausgeübt werden, so wird die linke Hand zur rechten Hüfte hin bewegt.

Bei manchen Fahrern ist zwischen der linken und der rechten Hand eine Schlaufe in den Leinen zu sehen - hier werden die Leinen zwar korrekterweise in der linken Hand gehalten, jedoch liegt die rechte Hand nur über der rechten Leine anstatt über beiden Leinen. Dies ist eine schlechte Angewohnheit, da die Verbindung mit der rechten Leine verlorengeht, wenn sich die rechte Hand von der rechten Leine zum Gebrauch der Peitsche löst. Das Pferd wird zur linken Seite ausweichen.

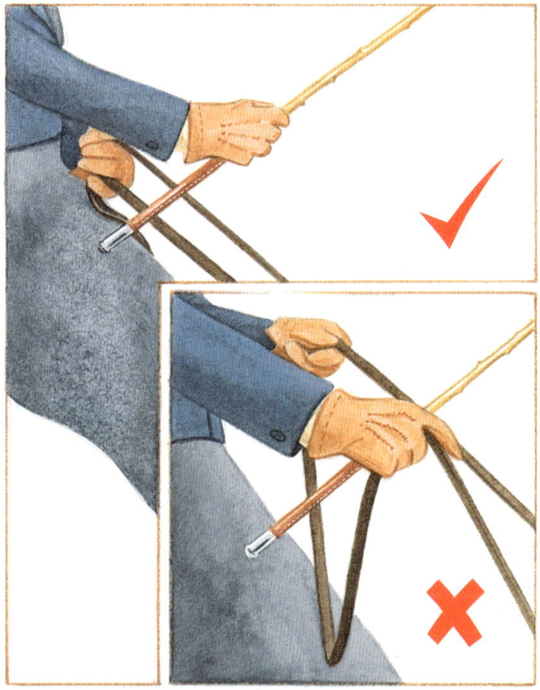

Der Fahrersitz (Bock)

Der Winkel des Kutschbocks ist wichtig. Es ist für den Fahrer wesentlich bequemer, wenn der Boden des Wagenkastens leicht angeschrägt ist. So kann er seine Füße fest auf die Fußstützen oder den Boden stellen, was ausschlaggebend für seine Sicherheit ist. Sollte das Pferd durchgehen oder stolpern, kann sich der Fahrer am Boden abstützen. Wichtig ist auch, daß die an den Seiten und hinter dem Bock befindliche Lehne hoch genug ist, um ein Herunterfallen des Fahrers vom Bockkissen zu verhindern.

Aufsitzen und Sitz des Fahrers auf dem Bock

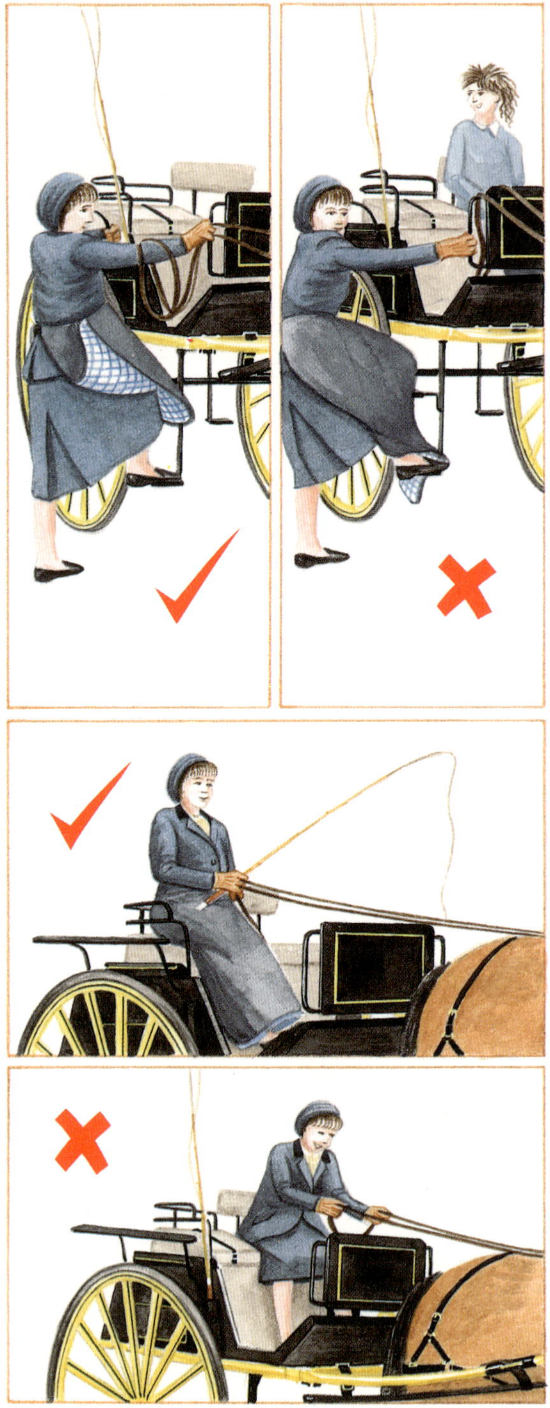

Laut Fraglehre steigt man von links auf. Die Leinen wie zum Fahren in die linke Hand genommen, wobei die rechte Hand vor die linke gelegt wird, ebenfalls in Fahrhaltung.Es ist darauf zu achten, daß die Leinen auf jeder Seite gleich lang sind, damit das Pferd bei einem eventuellen Antreten gerade gehalten werden kann. Die Leinenenden werden über den rechten Unterarm gelegt, damit man sich beim Aufsteigen nicht darin verfangen kann. Aus demselben Grund ist es auch ratsam, die Bockdecke in den Bund zu stecken. Die linke Hand läßt nun die Leinen los und ergreift den linken Aufsteigegriff, während die rechte Hand mit Zeigefinger und Daumen den rechten Griff festhält.

Die Leinen werden mit den übrigen Fingern der rechten Hand sicher gehalten. Der Fahrer steigt nun rasch auf und setzt sich so schnell wie möglich nieder. Nun werden die Leinen von der linken Hand übernommen, und, nach dem Zurechtrücken des Schurzes, die Peitsche mit der rechten Hand aus der Haltevorrichtung aufgenommen.

Nun können auch Beifahrer oder Passagiere aufsteigen. Keinesfalls dürfen die Passagiere einsteigen, bevor der Fahrer sicher die Kontrolle über die Pferde übernommen hat. Beim Aufsteigen ist unbedingt auf die korrekte Leinenhaltung zu achten.

Der Fahrer sollte so aufrecht wie möglich auf dem Bock sitzen, Schultern und Hüfte müssen gleichmäßig nach vorne zeigen. Die Knie sollten leicht gekrümmt sein, die Füße eng nebeneinanderstehen.

Ein Fahrer, der mit auseinandergenommenen Beinen und nach hinten abgewinkelten Füßen auf dem Bock sitzt, hat keinerlei Halt.

* Die Abbildungen zeigen das Austeigen nach englischem Vorbild. Dort herrscht Linksverkehr (Anm. d. Red.)

Fahren im Strassenverkehr

Vor dem Anfahren muß unbedingt die Aufmerksamkeit des Pferdes geweckt werden. Dies geschieht, indem man mit dem Pferdemaul mittels der Leinen Fühlung aufnimmt und das Pferd mit seinem Namen anspricht, bevor das entsprechende Kommando wie *„Vorwärts"* erfolgt. Die Hilfen für die Verlangsamung oder Beschleunigung der Gangart erfolgen verbal; damit verbunden ist ein entsprechendes Annehmen oder Nachgeben der Leinen. Die Kommandos müssen mit denjenigen, die bereits in der anfänglichen Trainingsarbeit des Pferdes verwendet wurden, übereinstimmen. *„Scheeritt"*, *„Teerrab"*, *„Brr"* und *„Hola"* sind die wohl gebräuchlichsten.

Die Teilnahme am Straßenverkehr erfordert ständige Vorsicht und Rücksicht gegenüber anderen Verkehrsteilnehmern. Die Straßenverkehrsordnung ist stets einzuhalten.

Es ist immer ratsam, einen kompetenten Beifahrer bei sich zu haben. Klare Handzeichen sind erforderlich, um den Autofahrern beabsichtigte Richtungswechsel rechtzeitig anzuzeigen.

Eine ausreichende Haftpflichtversicherung ist ein absolutes Muß, bevor man sich mit seiner Kutsche auf öffentliche Straßen wagt.

Nimmt man an einem Fahrturnier oder einer anderen Veranstaltung teil, bei der man mit anderen Fahrern zusammentrifft, ist darauf zu achten, daß genügend Abstand zu den einzelnen Kutschen eingehalten wird, um immer die Möglichkeit zu haben, bei eventuellen Problemen abwenden zu können.

Ersatzteile sollten im Falle einer Panne immer mitgeführt werden. Besonders wichtig sind eine starke Schnur und ein scharfes Messer.

Damit das Pferd nicht erhitzt in seinen Stall zurückkehrt, sollte man die letzten ein bis zwei Kilometer im Schritt zurücklegen.

Absteigen

Der Beifahrer oder die Passagiere müssen stets vor dem Fahrer absteigen. Beim Absteigen wird in umgekehrter Reihenfolge wie beim Aufsteigen verfahren. Steigt man auf der linken Seite ab, so nimmt man die Leinen in die rechte Hand, nachdem die Peitsche zurück in die Aufhalterung und die Schürze in den Bund gesteckt wurde. Der rechte Griff wird mit der Hand zwischen Zeigefinger und Daumen ergriffen, während die Leinen mit den übrigen Fingern gehalten werden. Die linke Hand ergreift den linken Griff und der Fahrer steigt rückwärts ab.

Niemals darf der Fahrer vom Wagen absteigen, indem er die Aufsteigetritte vorwärts heruntersteigt.

* Bitte beachten: In England herrscht Linksverkehr. (Anm,.d. Red.)

Ausspannen und Abschirren

Das Ausspannen der Pferde erfolgt in umgekehrter Reihenfolge wie das Anspannen. Zunächst wird der Bauchgurt gelockert, danach werden die Riemen des Hintergeschirrs gelöst, wobei die Enden durch die Schutzriemen geschlauft werden.

Zum Schluß werden die Stränge gelöst und aufgerollt. Ein Helfer hält das Pferd fest, während der Wagen aus der Reichweite der Hinterhand zurückgeschoben wird.

Auch das Abschirren des Pferdes erfolgt in umgekehrter Reihenfolge wie das Aufschirren. Zunächst werden die Leinen gelöst, danach der Fahrzaum abgenommen und ein Gurthalfter angelegt, dann die Leinen aus den Leinenführungsringen herausgezogen.

Als nächstes werden die Bauchgurte gelöst und das Sellett ein wenig zurückgeschoben, bevor die Schweifmetze abgenommen wird. Nun können Sellett, Schweifriemen mit Schweifmetze und Hintergeschirr nach hinten über den Pferderücken gestreift werden. Zum Schluß wird das Kumt abgenommen.

Schlussbemerkung

Beachtet man die in dieser Broschüre aufgeführten Ratschläge für das Auf- und Abschirren, An- und Ausspannen sowie für das Fahren, so haben alle Beteiligten am Fahrsport ihre Freude, und die Unfallgefahr wird erheblich reduziert.